SÉXI<

La corta, dulce y sexu
para el éxito g

Por Brent Sayder
Traducción Alejandra Vernet

Advertencia: *Usted podría no alcanzar el éxito esperado. Cualquier éxito obtenido podría no ser corto o dulce y lo estimulante en ello podría ser muy ligero o no existir.*

Copyright © **Brent Sayder. Todos los derechos reservados.**

Quedan reservados todos los derechos, ninguna parte de esta publicación puede ser reproducida o transmitida en cualquier forma o por cualquier medio, mecánico o electrónico, incluyendo fotocopias y grabaciones o por cualquier sistema de almacenamiento y recuperación de información, sin el permiso por escrito del editor.

Las solicitudes de autorización o demás información sobre el uso de este documento deben dirigirse a:

brentsayder.scriptor@gmail.com

Aviso legal

El Comprador o Lector de esta publicación asume la responsabilidad del uso de estos materiales e información. El cumplimiento de todas las leyes y reglamentos aplicables, federales, estatales y locales, o de cualquier otra jurisdicción, es responsabilidad exclusiva del Comprador o Lector.

Esta obra es una parodia y no pretende ser un consejo válido. Las promesas contenidas en esta obra no son auténticas. Todas las afirmaciones sobre personas en este libro, reales o imaginarias, no se basan en hechos y deben ser tomadas como especulación. El Autor se lamenta al pensar que el mundo se ha vuelto un lugar litigioso al punto de lo ridículo, obligándole a incluir estas renuncias.

El Autor y la Editorial no asumen responsabilidad alguna en nombre de cualquier Comprador o Lector de estos materiales.

Introducción

"La ambición es el enemigo del éxito." — Barney Stinson

Hola querido lector, permíteme presentarme. Soy el hombre que te mostrará el camino al éxito. Te preguntarás quién soy y por qué estoy calificado para darte tales consejos, consejos que personalmente garantizo que generarán el éxito para algunos de ustedes. Mi nombre es Brent, además de mis amigos y familia dudo que alguna vez alguien haya escuchado sobre mí. Así de bueno soy. Quien a pesar de que es casi imposible esconder algo de Google, he conseguido increíbles éxitos al pasar por debajo del radar. Con la ayuda de este libro, pronto aprenderás como volverte rico, encontrar la pareja de tus sueños, volar usando únicamente el poder de tu mente, y claro, cómo vencer a tus enemigos. Igualmente aprenderás cómo dejarlos literalmente en un charco de sangre atragantándose con su propia lengua mientras tú le mientes a la policía sobre cómo el cuchillo de tu cocina y tus huellas dactilares terminaron en esa escena y sobre esa persona.

Un anexo para el final de esta introducción: No toleraré calumnias ni difamaciones. Cualquier afirmación de que soy un joven desempleado o nini que sigue viviendo en su recámara de la infancia volviendo locos a sus padres, quejándose de lo injusta que es la vida o de cómo su generación nos arruinó y que su única relación es con su mano derecha... Tales afirmaciones son mentiras flagrantes y serán respondidas con una severa demanda. Ganaré dicha demanda porque soy exitoso por naturaleza y además puedo pagar costosos abogados. Les he hecho leer este libro, por eso sé que son ganadores, además de caros y lentos lectores. Pero son muy guapos. Eso es sólo una cosa más que este libro hace por ti. Sin más preámbulos, les presento mi consejo no solicitado.

Capítulo 1 – Culpe a los demás

"La búsqueda de un chivo expiatorio es de todas las expediciones de caza, la más fácil." — Dwight Eisenhower

La gente exitosa siempre toma el crédito por sus logros no importa cuanta ayuda haya recibido. Esto es importante, pero no tan importante como qué hacer en la situación contraria. En algún momento de tu vida pudieron haberte enseñado a tomar responsabilidad de tus acciones. Necesitas olvidar esa lección de una vez por todas. Las personas te enseñan a responsabilizarte de tus fracasos para que así puedan culparte cuando algo sale mal.

Tomemos el ejemplo de la película El Rey León de Disney (alerta de spoiler). Scar manipula al joven heredero al trono para que asuma la culpa acerca de la muerte de su padre. En el caso de que Simba se hubiera negado, se habría quedado como rey de la manada y apareado con todas las leonas. Ese el trabajo del león alfa. Sin embargo, el cachorro era demasiado inocente así que, asumió la culpa. Su muy astuto tío Scar entendió la regla de la culpa a la perfección. Scar culpó a Simba de su propia fechoría y engañó al cachorro para que además huyera. Entonces Scar pudo ser el rey. Es una película de niños así que no puedes ver todos los juegos previos de Scar para preñar la manada mientras Simba no estaba, pero te aseguro que se divirtió. Solo hay un momento en la película donde Scar pierde. El momento justo después de que acepta la culpa. Admitir su culpabilidad enfurece y da poder a Simba. Entonces Scar acaba asesinado por sus antiguos aliados.

Nunca aceptes la culpa. El mundo es muy grande. Hay muchas cosas, personas y acontecimientos a los que es mejor culpar. ¿Eres un asesino en serie? Es culpa de tus padres. Decide que la culpa es de ellos y apégate a esa historia. No tienes que ser un asesino en serie para culpar a tus padres. Hay todo un campo de la medicina/sanación moderna dedicado a culpar a los padres de todo lo malo que pasa en tu vida. Se llama terapia psicológica y es muy popular. Tal vez no te atrevas a culpar a las personas que te criaron y trajeron al mundo. Eso no representa un problema pues hay muchos chivos expiatorios potenciales alrededor. Si los padres o tutores no asumen la culpa por ti, el gobierno es otro objetivo popular. En algunos casos, el gobierno puede haber sido también responsable de tu educación, lo que hace que sea doblemente fácil culparlo. La gente no reacciona bien ante la palabra gobierno. Evoca imágenes oscuras: La guerra, las invasiones a la privacidad, las violaciones de los derechos humanos, los políticos ambiciosos; mentirosos y estúpidos y los políticos ambiciosos; mentirosos; estúpidos y sórdidos. Si culpas al gobierno de todo lo malo de tu vida, la mayoría de la gente que te rodea estará de acuerdo con la idea. Algunos gobiernos son mejores que otros, pero una cosa que la mayor parte de ellos tiene en común es que son invariablemente bastante desastrosos. Mira cualquier página web de conspiraciones. Un gran número de personas en este mundo cree que el gobierno de Estados Unidos fue el instigador de los ataques terroristas de 2001. ¿Puedes demostrar, más allá de la sombra de la duda, que eso es falso? Eso es lo bueno de culpar al gobierno; es difícil de refutar. Los bancos son una buena tercera opción. Tienen insultantes ganancias, lo cual debe ser la razón por la que no puedes conseguir un trabajo.

Culpar a los bancos y sus banqueros es algo tan común en estos días, que han sustituido a los abogados como el único grupo de profesionistas que cualquiera tiene permitido despreciar. Se esconden detrás de palabras inventadas como "Permuta de Incumplimiento Crediticio", "Flexibilización Cuantitativa" y "Deuda Intermedia o Mezanine, simplemente sabes que nada bueno viene de ahí.

Si aceptas la responsabilidad por los fracasos, entonces la gente sabrá que te pueden acusar de todo tipo de cosas y salirse con la suya. Siempre culpa a los demás.

Capítulo 2 – Viva de los demás

"Le pago la vivienda, las joyas, la comida, la ropa y las facturas médicas. Lo único que ella tiene que hacer, es conseguir el dinero." — Proxeneta americano

Ahora ya aprendiste que todo lo que está mal en tu vida es culpa de alguien más. Esto significa que tienes el derecho, incluso la obligación de vivir de los demás. Esta es tu compensación. ¿Te permitirán tus padres seguir aprovechándote de su generosidad más allá de tu cumpleaños 18? Entonces aprovéchalo. Si esa no es una opción hay muchos otros caminos que explorar. Así como al final del Capítulo Uno, primero nos fijamos en los padres y después en el gobierno. Las fuentes de culpa, pueden ser fuentes de dinero. La cantidad de ayuda que tu gobierno está dispuesto a dar varía de país a país. La mayoría de los países nórdicos serían tu mejor apuesta para apoyo gubernamental. No sientas culpa. Tu gobierno te cobra impuestos todo el tiempo. Incluso si no pagas un impuesto al ingreso aún pagas una fortuna de IVA/impuestos al consumo/como sea que se llame. ¿De dónde viene este dinero? De ahí. ¿Tienes derecho a imprimir dinero? No, no lo tienes. No legalmente. Tu gobierno lo tiene. Entonces, no les cuesta nada darte un bonito y holgazán estilo de vida. Además, a excepción de China y las naciones extremadamente ricas en petróleo, ¿no parece que todos los gobiernos están en quiebra hoy en día? Debes ponerte en acción antes de que tu gobierno se vuelva más pobre e inútil. Si tuvieras la habilidad de imprimir dinero ¿piensas que alguna vez te irías a la quiebra? Claro que no. Hasta un completo tonto sabría que solo debe imprimir más dinero cuando le queda poco. No le debes nada al gobierno que actúa peor que un completo tarado. Han manejado mal la economía y ahora no puedes conseguir un trabajo. Te lo debe. Y si puedes imprimir dinero no necesitas la mayoría de los consejos de este libro, sólo sigue en ello.

Capítulo 3 – Visualice el éxito

"Ve las cosas como te gustaría que fueran en lugar de como son." — Robert Collier

El éxito es difícil de alcanzar. Puede requerir trabajo duro, un poco de suerte, incluso más trabajo duro y mucha más suerte. Aunque mucha suerte es suficiente para compensar el poco esfuerzo, el trabajo duro jamás podrá compensar la falta de suerte. Desafortunadamente sólo puedes controlar una de esas cosas y no es la suerte. Puede que no quieras dedicar todo el esfuerzo necesario para triunfar. La mayoría de las personas no quiere. Así que debes hacer la siguiente mejor opción. Visualizar. Tu controlas la visualización. No hay suerte involucrada y es sencillo. ¿Por qué molestarse en trabajar para alcanzar objetivos exitosos cuando simplemente puedes visualizarlos? Mientras más visualices tus objetivos menos trabajo real tienes que hacer. Y como estás ocupando todo tu tiempo imaginando que ya conseguiste lo que quieres, para qué esforzarse trabajando para alcanzarlos. No desperdicies tu tiempo viviendo una realidad mediocre. Solo visualiza una realidad que es increíble.

Si tienes problemas para visualizar porque tienes poca imaginación, no te desesperes. Solo crea una pizarra de perspectiva. No tiene que ser una pizarra, puede ser cualquier cosa, un pedazo de papel, una imagen de computadora, cualquier cosa. El aspecto importante es la perspectiva. Coloca imágenes de lo que quieres lograr y obsérvalas todos los días. Esa observación te dará más beneficios que cualquier trabajo real. En mis días de joven, veía en las revistas imágenes de mujeres que de algún modo conseguían ser al mismo tiempo increíblemente delgadas y mostrar pechos gigantes. Nunca se materializaron en mi vida, pero eso es únicamente porque no creía en el poder de la visualización. Debes creer en la visualización para que funcione. Así como en la homeopatía o la gravedad.

Capítulo 4 – Consuma una gran cantidad de alcohol

*"Si no tomas… todas tus historias son malas, terminan con…
"Y entonces llegué a casa.""*— Jim Jeffries

Asegúrate de beber mucho alcohol.

Renuncia de responsabilidad: *Este consejo NO se dirige a aquellos que no tienen permitido beber debido a la religión o serios problemas de salud. Toda persona que vive en un país donde el alcohol es ilegal o esté mal visto debe saltar este consejo. Este consejo está dirigido a aquellos que habitan en las maravillosas culturas que han abrazado el uso del alcohol.*

Todos deberíamos beber mucho. El alcohol te ayudará a relajarte y abrirte a los demás. Te permitirá parecer y actuar tan tontamente como lo desees. La gente confiará en ti cuando bajes la guardia y actúes de ese modo. Los hará sentir mejor por las veces que hicieron exactamente lo mismo y se sentirán menos solos. Puede significar que querrán unirse a tus parrandas incluso hasta cuidarte cuando te hayas excedido. Esto es ideal, significa que están actuando como padres preocupados. Y sabemos lo mucho que los padres están dispuestos a hacer por sus hijos. La mayoría de ellos al menos. Un padre semi decente hará más por ti que cualquier otro ser humano en el planeta y tú pensarás que son las mejores personas del mundo. Así que, haz que tu amigo cumpla con este rol a través del poder de la bebida. Se deleitará con tu admiración y tendrás a alguien que se preocupa por ti.

La gente que te vea actuar como un borracho tonto todo el tiempo asumirá que eres un tonto. No serán conscientes de que eres totalmente capaz de un plan astuto y peligroso cuando estás sobrio. Así que al bajar tu propia guardia consigues que los demás también bajen la suya. La diferencia es que consigues que bajen la guardia permanentemente a tu alrededor. Tu guardia debe ponerse nuevamente una vez que te desintoxiques.

Capítulo 5 – Nazca en buena cuna

"Gané lo que yo llamo la lotería de los ovarios. (Para principiantes, las probabilidades en contra de que mi nacimiento, en 1930, sucediera en Estados Unidos eran al menos 30 a 1. Ser hombre y blanco también removió enormes obstáculos a los que la mayoría de los americanos se enfrentaban)." — Warren Buffett

La vida es mucho más sencilla cuando naces en el lugar correcto, con la familia correcta. Si estás leyendo esto, las probabilidades son que no fuiste el doceavo hijo malnutrido en una familia pobre de África. Ese niño también pudo terminar siendo exitoso, pero tú tienes ventaja sobre ellos. El éxito para muchos de los niños más pobres del mundo significa simplemente sobrevivir más allá de los cinco años. Seguramente hiciste eso con facilidad. Pero no te conformes con haber nacido en circunstancias más afortunadas que el más pobre de los pobres. Apunta a lo más alto.

Lo que deseas en un padre es riqueza, amor, estabilidad emocional y en menor medida, inteligencia. Esa es una familia que engendra el éxito. Si no has nacido en una familia así, recuerda que es totalmente tu culpa. Si no me crees pregunta a los budistas o a los fanáticos de la ley de la atracción o a cualquiera que crea en el karma y la reencarnación. Sin embargo, no te desesperes, si sigues las reglas de este libro nacerás como rey en tu próxima vida. O un príncipe destinado a convertirse en rey.

Capítulo 6 – Ríndase ante la presión grupal

Wright
"Los ermitaños no tienen presión de grupo." — Stephen

No tiene sentido resistirse a la presión grupal. Cuando te enfrentes con la presión de grupo debes estar consciente que deberás hacer cosas que usualmente no harías. De otro modo solo le harás perder el tiempo a todo el mundo. En mis días de más joven, era muy bueno en resistirme a la presión grupal. Gracias a una fuerte mentalidad y la falta de amigos. Eso significa que pasé mi juventud sin nunca tocar las drogas. ¿Y adivinen que pasó? En mis veintes terminé en Ámsterdam pensando "a dónde fueres, haz lo que vieres" ... Lo que vi fue que fumar marihuana me hace elevarme, cansarme, morir de hambre y tener un ataque de asma. De súbito estaba en un hospital holandés pagando 50 euros por un pequeño inhalador. Si hubiera fumado con mis contados amigos siendo adolescente lo habría sabido y habría cargado con mi inhalador. Además, tendría un círculo social mucho más amplio pues la comunidad de marihuanos es grande y le da la bienvenida a cualquiera. Así que cuando tus amigos te ofrezcan drogas sólo acéptalas. Las drogas son caras y difíciles de conseguir así que solamente se agradecido de que estás recibiendo algo caro que además altera la mente de forma gratuita.

Si te rindes ante la presión del grupo te conviertes en un compañero. Entonces podrás aplicar esa misma presión a tus amigos. Y la presión un amigo es difícil de resistir. Así que te convertirás en alguien difícil de resistir. Drogas gratis y una personalidad persuasiva. Ganar-Ganar.

Capítulo 7 – Sea Honesto

"Sinceridad: Si logras fingir eso, lo has conseguido." — George Burns

Es vital que seas considerado un hombre o mujer de palabra. Para aumentar esta reputación debes siempre recordarle a la gente lo confiable que eres. "Soy un hombre de palabra" es una frase que debes haber escuchado muchas veces. Esto es en parte porque el hombre tiende a ser el mejor en la autopromoción. Es una frase que debes repetirle constantemente a la gente a tu alrededor. Repítela las suficientes veces y simplemente comenzarán a creerte. ¿Y por qué no deberían? Después de todo, "eres un hombre/mujer de palabra". La honestidad es crucial. Mientras más honesto seas más gente confiará en ti. Mientas más gente confíe en ti, más fácil será aprovecharte de ellos. Estoy seguro que conoces la historia de Pedrito y el lobo. Mintió tantas veces que cuando el lobo vino nadie le ayudó. Sin embargo, todo el mundo vino la primera vez que pidió ayuda e incluso la segunda. No tenían razones para desconfiar de él. La verdadera moraleja de ese cuento es que no debes desperdiciar la confianza. El chico echó por la borda su reputación de honestidad a cambio de algunas risas para sí mismo. Hay otras formas de divertirte a costa de los demás sin ser deshonesto.

Vamos a examinar a los políticos. Estas son personas (algo así) que gastan sus vidas acumulando confianza. Saben exactamente qué hacer con su confianza acumulada. Los políticos en campaña nos mienten. Lo sabemos y ellos lo saben. Ninguno de ellos se postula "Te estoy mintiendo" en una elección porque nadie votaría por ellos. En lugar de eso se lanza con un "Soy un hombre/mujer de palabra". Si son buenos, no habrá suficiente evidencia de que están mintiendo. Así que tendrás que creer en su palabra. Así como la primera vez que Pedrito gritó "Lobo". Una vez que estén en el poder te darás cuenta que la honestidad es lo primero que se va. De pronto todo se trata de pragmatismo. La honestidad es pragmática la mayor parte del tiempo, pero una vez que hayas usado la confianza de todos a tu favor, puedes desecharla.

Cuando eres siempre honesto te ganas el permiso de ser deshonesto en el momento más oportuno. Sólo hay un detalle con esto. Te darás cuenta que la falta de práctica te hace un pésimo mentiroso cuando verdaderamente lo necesitas. Si esto te preocupa, toma una clase de teatro así puedes practicar inventando cosas. Actuar es una forma de mentir libre de culpa. Si alguna vez te descubren en una mentira, haz como que fue una broma y que estabas probando su reacción. Sé honesto y desarrolla una reputación de honestidad.

Capítulo 8 – Mienta

"La ficción se inventó el día en que Jonás llegó a casa y le dijo a su esposa que había llegado tres días tarde porque había sido tragado por una ballena." — Gabriel García Márquez

¿Alguna vez has escuchado de un CV honesto? Incluso los "currículums" honestos son parcialmente mentiras, uno totalmente honesto sería tomado como una broma. Un CV describirá pasatiempos que no existen o han sido exagerados, y descripciones de empleos que omiten todas las horas que perdiste haciéndote tonto y coqueteando con tus compañeros (as) de trabajo. Los CV's no son el único lugar donde deberías mentir, ahí es donde comienzas. Un currículo retocado te puede llevar hasta la puerta, pero una vez que estás ahí debes embellecerlo más. Dile a tu entrevistador que te encanta despertarte temprano solo para contemplar la pantalla en una oficina sin una sola alma y capturar datos en el sistema.

Te voy a dar algunos ejemplos de CV's para un trabajo imaginario en una agencia de publicidad. El primero será honesto y el segundo un currículo adecuado.

CV y Carta de presentación honestas.

Carta de presentación:

Estimado Señor o Señora:

Estoy aplicando para este trabajo porque ustedes están contratando y pagan dinero en lo que pretendo realizar. Necesito este dinero para pagar mis cuentas y comprar nuevas versiones de iPhone.

Saludos.

Sr. Donhonestidad

CV:

Honesto Donhonestidad
Dirección: Sin casa después de decirle a mi arrendador lo que pienso de él
Teléfono: 52XXXXXXXX

Experiencia Laboral

2003-2011: Agencia de Marketing Y

Descripción: Usted pensaría que trabajar en una agencia de publicidad por 8 años me daría una fuerte habilidad para el marketing. Sin embargo, pasé la mayor parte del tiempo evitando trabajar, aparentando estar ocupado cuando realmente no lo estaba e inhalando resistol en el baño. Mi parte favorita de este trabajo era la comida cuando tenía una pacífica hora donde no tenía que hacer como que estaba trabajando.

1998-2002: Universidad

Descripción: Pasé un tiempo magnífico saliendo de fiesta cada noche. La cantidad de alcohol que consumí en esa época te volaría los sesos. Estoy impresionado de que literalmente no voló los míos. Ocasionalmente tuve que estudiar y entregar algunos ensayos para poder seguir con este gran estilo de vida.

Intereses:

Disfruto ver televisión, apostar en el futbol y ocasionalmente visitar a una prostituta de Europa del Este.

CV y Carta de Presentación ligeramente retocadas.

Carta de presentación:

Estimado Señor o Señora

Me encantaría tener la oportunidad de trabajar en su agencia de publicidad. La Agencia de marketing X se ha caracterizado a través de los años por ser el único gran logro de la raza humana. Está por encima de la llegada a la luna y el Martini. Trabajar en su empresa sería un sueño convertido en realidad. De hecho, desde que era niño, cuando me preguntaban que quería ser cuando creciera, siempre dije que quería ser empleado de la maravillosa Agencia de marketing X. Espero con ansia su respuesta.

Atentamente.

Sr. Farol

CV:

Mentiroso Farol
Dirección: Castillo de Chapultepec,
Bosque de Chapultepec, México
Teléfono: +52XXXXXXXX

Experiencia Laboral

2010-2011: Empresa de Marketing Y

Descripción: Mi año en esta empresa de publicidad fue transformador, tanto para la empresa como para mí mismo. Generé aproximadamente 50 millones de dólares en ganancias, aprendí de los mejores acerca cómo crear materiales de marketing admirables y tuve buena relación con cada una de las criaturas vivas de la oficina.

2006-2009: Universidad

Descripción: Mi escuela es un lugar excelente para dedicarse a demandantes actividades académicas. El tiempo que pasé en esta institución me sirvió para desarrollar habilidades críticas y conocer la fascinante historia y cultura de la civilización occidental. ¡Ah qué placer es vivir la vida de la mente! Más aún, aquí también aprendí que soy un hombre de acción. Participé en muchas sociedades estudiantiles previendo mi futura carrera en la Empresa de Marketing X.

Intereses:

Escalada – He escalado el Monte Everest y el K2, los encontré bastante fáciles, no me queda claro por qué hacen tanto escándalo de ello.

Lectura – Me gusta leer novelas de Dostoievski y Tolstoi cada noche, aunque debo admitir que me llevó tres noches terminar La Guerra y La Paz.

Socializar – Soy bastante sociable. Regularmente organizo elegantes cenas con mis múltiples amistades.

Así que ahí tienes. ¿Cuál de los dos vas a contratar? Ninguno sería lo mejor, pero si solo tuvieras estas dos opciones, la respuesta es más que obvia. La honestidad te expulsa, la mentira te contrata. Mentir ayuda a proteger los sentimientos de los demás y te ayuda a gustarles. El mundo es un lugar crudo y todos queremos estar cerca de alguien que nos haga creer en cuentos de hadas. Tú puedes ser ese alguien. Sólo miente.

Capítulo 9 – Sea Flexible

"Un sistema moral válido para todos es básicamente inmoral." — Friedrich Nietzsche

La flexibilidad es una cosa maravillosa. No estoy hablando de flexibilidad yóguica donde puedes mantener tus piernas estiradas y tocar los dedos de los pies, aunque eso también podría estar bien. Lo más importante es que tan flexible eres con la vida y la ética. Una moral flexible es una moral lucrativa. A nadie le importa cuánto mal haces al mundo siempre y cuando seas exitoso. Vamos a analizar la vida de Steve Jobs, su empresa utilizaba supuestamente, trabajadores de talleres de explotación laboral para supuestamente construir sus productos, supuestamente sobrevalorados y supuestamente de mala calidad. (Información completa: esto se escribió en una Mac, pero se usó Microsoft Word).

La gente dice que Steve Jobs era un genio, un semi Dios jipi que venció a las empresas estadounidenses, un santo del capitalismo. A nadie le importa que fuera un pésimo budista (la religión que él escogió seguir), una religión que enfatiza el no poseer o desear NADA. La moral es relativa. Si eres rico, tienes razón. Siempre. Una vez que entiendes eso, entiendes la vida misma. Vive según esta creencia y no te equivocarás.

Capítulo 10 – Nunca haga planes a futuro

"Sólo hago lo que mi instinto visceral me dice." — Jennifer López

Tu cerebro es una cosa maravillosa capaz de procesar decenas de miles de datos cada segundo. Guardas en tu cabeza la supercomputadora más poderosa del mundo (aunque podrías no sentirlo así cuando buscas las llaves o el control remoto) la cuestión es que tu cerebro no te deja ver las cosas como son. No quieres que tus pensamientos se atasquen con miles de piezas de información cuando lo único que necesitas saber es qué pasará en la televisión esa noche. Tu cerebro lo sabe, y es por eso que no te deja ver toda la información que está recopilando. Sin embargo, cuando se trata de tomar grandes decisiones sería bueno tener acceso a todos los datos que viven en esa masa gris dentro de tu cabeza. Es entonces cuando la intuición y el instinto juegan su papel.

Tus corazonadas y el instinto visceral no son otra cosa que tu cerebro procesando toda la información que se le ha dado para tomar una decisión en una fracción de segundo, basada en todo el conocimiento acumulado. Si la supercomputadora más poderosa del mundo te dice que hay que seguir cierto rumbo mejor que otro, ¿no crees que deberías hacer caso? Por eso, nunca planifiques. No necesitas un plan de acción cuando tienes instintos viscerales. Hitler pasó mucho tiempo planificando su invasión a Rusia. ¿Ayudó? No y ya nadie habla de Alemania. No planifiques, sólo confía en tus corazonadas.

Capítulo 11 – Tenga una adicción

"Ya sea que lo aspires, fumes, comas o introduzcas por el trasero, el resultado es el mismo: adicción." — William S. Burroughs

La clave del verdadero éxito (y verdadero fracaso) es tener una adicción. Necesitas una personalidad adictiva para ganar en este mundo. Si te fijas en la lista de los grandes hombres y mujeres de la historia, encontrarás que la mayor parte fueron adictos. Fyodor Dostoievski era un jugador compulsivo. Escribía una novela para obtener su dinero. Después lo despilfarraba jugando a los dados entonces tenía que escribir una nueva novela para pagarle a los usureros. Honoré de Balzac masticaba 50 granos de café expreso por día para obtener su dosis. Muchos músicos de rock y jazz fueron conocidos por su afición a la heroína, poetas por el uso del opio y no llevamos la cuenta de la cantidad de tabaco que fumaron los grandes de la historia pues eso es demasiado común. Sigmund Freud fumaba 20 cigarrillos por día hasta que lo mataron. Estas grandes figuras usaron la parte adictiva de su naturaleza para enfocarla intencionalmente en alcanzar sus grandes logros.

Si no tienes al menos una adicción entonces tal vez no tienes una personalidad adictiva. No te preocupes, la adicción es un hábito que puedes entrenar. Dales una oportunidad a unas pocas cosas y fíjate en lo que funciona para ti. Ya mencioné el tabaco, nicotina y heroína. Esas van a ser las opciones más fáciles. Cosas como coleccionar estampillas requieren más esfuerzo, pero si eso es lo que quieres ¡hazlo!, tu meta es entrenar el lado adictivo de tu naturaleza hasta que se vuelva parte de ti. Entonces puedes usar toda esa obsesión para trabajar en tu éxito.

Capítulo 12 – No acepte la crítica

"Para evitar la crítica, no diga nada, no haga nada, no sea nada." — Aristóteles

Cualquiera que te critique sólo está celoso. No se dan cuenta de el brillante innovador que eres o sí lo hacen, pero solo quieren menospreciarte. La crítica constructiva no es algo real. Es un mito creado por la gente sin éxito. Lo inventaron ya que así podrían menospreciarte mientras se protegen ellos mismos. Cuando alguien te critique debes sonreír, agradecerles por sus útiles consejos e ignorarlos. Por el momento. Cuando te vuelvas millonario podrás pagarle a alguien para darle con una pala y cortarle la lengua. Tal vez las manos y la lengua sería una mejor opción, así tampoco podrán escribir nada sobre ti. Bueno, sí podrían, pero les costaría mucho trabajo. Si cubres bien tu rastro no deberían estar motivados a dedicar todo ese esfuerzo en criticarte.

La gente solo hace crítica "constructiva" porque es muy fácil. Si fuera difícil no se tomarían la molestia. Cuando un niño llega de la escuela con su dibujo de un perro y una casa, su padre no le da una crítica constructiva y le habla del postmodernismo. Eso es porque el esfuerzo emocional para desmotivar a su hijo sería muy difícil. La crítica es solo un desafortunado efecto colateral del éxito. Tienes que lidiar con él, pero nunca prestarle atención.

Renuncia de responsabilidad: No abogo por el corte de miembros del cuerpo o el golpear con una pala a los criticones. Todas las afirmaciones anteriores deben ser tomadas como exageraciones. Uno nunca debe infringir la ley. Habiendo dicho eso, si eres exitoso, acumulaste suficiente dinero, no te gusta la crítica y tienes una moral flexible... sabrás que hacer.

Capítulo 13 – Nunca ponga un acuerdo en papel

"Todo el mundo está hecho de fe, y confianza y polvo de hadas." — JM Barrie

Un trato en papel es cómo logran atraparte. Pruebas tangibles, fehacientes. Nunca olvides que si firmas un pedazo de papel después no puedes mentir en el juzgado acerca de tu acuerdo. Técnicamente podrías, pero ese papel firmado tendría más peso que tu testimonio. Para empezar tu palabra no es una gran evidencia en el juzgado. Mucha gente tiene la idea errónea de que si dicen la verdad van a ganar. La verdad no gana en los juzgados, gana la mejor historia. Si le diste a alguien un pedazo de papel con tu firma, le diste una historia y dejaste tu nombre en ella. Si cometiste el error de firmar un contrato en el pasado podrías contratar un falsificador para crear un contrato diferente que sea más beneficioso, pero es muy arriesgado. Sólo debería usarse como chantaje o amenaza antes de cualquier procedimiento judicial pues no resistirá ningún escrutinio real. Inténtalo únicamente si la otra parte es crédula y preferentemente antes de que hayan contratado cualquier ayuda legal. Esto solo es relevante en países con un sistema judicial robusto. Si eres suficientemente afortunado de vivir en un país donde puedes comprar la justicia por unas moneditas entonces olvida el falsificador y solo soborna al juez y al jurado. Es mucho más fácil.

Capítulo 14 – Valore la ética laboral

"Es probable que el trabajo arduo nunca mató a alguien, pero me pregunto, ¿para qué arriesgarse?" — Ronald Reagan

Una buena ética de trabajo es importante en la vida. El trabajo duro es como se logran la mayor parte de las cosas en este mundo. Siempre busque a alguien con una fuerte ética laboral. Las personas trabajadoras son excelentes socios de negocios o empleados. Lo más trabajador que sea tu socio/empleado, lo menos que tu necesitas trabajar. Cualquiera que haya hecho un trabajo en equipo en la escuela entiende este principio, una o dos personas se encargan de la mayor parte del trabajo y el resto hace un esfuerzo simbólico. Al final todos obtienen la misma calificación. Los proyectos escolares en equipo enseñan tan bien este principio que ni siquiera debería incluirlo como un capítulo. La mayor parte de ustedes debe ya saber que si el trabajo duro es la clave del éxito y no quieres hacer ese trabajo tú mismo, tienes que encontrar a alguien dispuesto a hacerlo por cualquiera que sea su razón. Aunque realiza tu trabajo simbólico. No quieres que se den cuenta de que ellos hicieron todo.

Capítulo 15 – Los tropiezos le indican rendirse

"Rendirse es la cosa más fácil de hacer." — Robert Kiyosaki

Hoy en día todos tienen la mente alimentada con la idea de nunca rendirse. Esa es una de las lecciones más peligrosas de nuestra sociedad y la debes ignorar. En un esfuerzo por tragarte esta mentira, a menudo escuchas historias acerca de alguien que enfrentó grandes obstáculos, pero perseveró hasta triunfar. La razón por la cual estas son buenas historias es porque son escasas. En la vida real las personas renuncian y renuncian hasta que encuentran algo que son capaces de hacer. Si lo que son capaces de hacer es impresionante, algo que tú o yo no somos capaces de hacer, entonces se vuelve noticia.

Aquí en el Reino Unido el periódico Noticias del Mundo de Rupert Murdoch, fue encontrado culpable de hackear datos personales a un nivel que rivalizaba con la invasión de privacidad de la NSA (Agencia de Seguridad Central). Si se hubieran dado por vencido desde que esto salió a la luz, el periódico tal vez aun existiría. En lugar de eso, primero lo negaron. Después lo aceptaron, pero defendieron su acto con todo lo que pudieron. Finalmente admitieron una mala práctica después de prolongar la historia por meses. Al final cerraron, arruinando la reputación de Murdoch y sus empleados en el proceso. Hay ocasiones en las que lo más sensato es renunciar y mientras más pronto mejor.

Tomemos los cigarrillos. Son tan adictivos como la heroína, pero sin el mismo efecto. Son más antisociales porque ciertas personas se volverán fumadores pasivos al respirar el humo, en cambio se debe dar las gracias a la mayoría de heroinómanos que hacen lo más educado inyectándosela. Nadie te dirá que eres un derrotado porque decidiste renunciar a fumar. Excepto tal vez un vocero de Marlboro. A menudo se trata de renunciar o ir hacia algo más. Ya que debes tener una personalidad adictiva cualquier cosa a la que decidas renunciar debe ser reemplazada con una adicción más inteligente. En este ejemplo sería más sencillo dejar los cigarrillos si vas por una droga más interesante. La cocaína tiene un lindo caché en este mundo como la droga de ricos y famosos. Solo es una sugerencia. (No, no lo es, los asesores legales me han advertido que de ningún modo debo sugerir esto).

Capítulo 16 – No done a la caridad

"Caridad no es una solución a la pobreza: es un agravante de la dificultad." — Oscar Wilde

Ni tu tiempo ni tu dinero deben ser donados a la caridad mientras estás en la escalera del éxito. Ignora esta regla una vez que tengas más dinero del que sepas que hacer con él, demasiado tiempo libre para tu propio bien, o ambos. De hecho, en ese punto tiene más sentido ignorar esto. Entonces, donar una gran cantidad de dinero que sea sólo un pequeño porcentaje de tu patrimonio te hará obtener mucho respeto. Asegúrate de declararlo en tus impuestos, de modo que al final en realidad no te cueste nada. Esto evitará que aquellos que envidian tus riquezas, te guarden resentimiento.

Cuando estás tratando de lograr el éxito aún no has acumulado suficiente resentimiento para tener que comprar a alguien, así que no lo hagas. Michael Jordan no se convirtió en un increíble basquetbolista malgastando todo su tiempo libre como voluntario en una cocina comunitaria. Su tiempo extra fue usado en practicar tiros libres. Después de que le pagaron millones de dólares por ser un gran atleta consiguió usar algo del tiempo y dinero extra para la caridad.

Si alguna vez has estado en un avión debes haber escuchado a la tripulación decirte que en caso de emergencia debes ponerte tu máscara de oxígeno primero. Entonces te tomas unos diez a quince segundos para reírte de tus hijos mientras sufren para respirar y temen por sus vidas. En ese momento les ayudas a ponerse su máscara de oxígeno. Finalmente, todos saltan abrazados amorosamente hacia una vehemente muerte. La caridad es lo mismo. Ignoras a los pobres y necesitados mientras te enfocas en convertirte en un éxito. Entonces te ríes a sus espaldas. Ahí te atrapan riéndote de ellos y te ves forzado a donar dinero y tiempo para ayudarlos a salir de ahí.

Llamo a esto El Generoso Ciclo del Éxito®.

Capítulo 17 – Ponga todos los huevos en una canasta

"Una persona que no aspira a nada está segura de obtenerlo." — Anonymous

La sabiduría convencional te dice que nunca pongas todos tus huevos en una canasta. Es un consejo tan común que pensarías que es una ley universal. La NASA, para mantener a la gente ignorante crea la sabiduría convencional. Si la sabiduría convencional tuviera mucho sentido entonces el ser exitoso sería algo común y corriente y no necesitarías este libro. Pero ser exitoso, no es y nunca ha sido, convencional.

Esta falsa frase de los huevos, más allá que otras ridículas mentiras que dice la gente, es la más osada. La más osada porque cualquiera que ha comprado o recolectado huevos sabe que no es verdad. La regla no necesita otro ejemplo o metáfora para probar que no es verdad. Simplemente es falsa por sí misma. Cuando compras huevos, ¿los compras en cartón? Después lo abres y ¿pones un huevo en tu bolsillo derecho, dos huevos en otra canasta, dos huevos más en el bolsillo de la camisa, un huevo en tu calcetín y haces malabares con los restantes? ¿O simplemente los llevas como una persona sensata? En una canasta, bolsa, o cartón, o lo que sea que usas para llevar tus huevos porque al final esa es la mejor forma de llevar los huevos.

No significa que sea a prueba de tontos. Podrías tener algunas complicaciones. Tal vez pusiste el cartón de huevos al fondo de la bolsa y los artículos de encima aplastaron algunos cuantos. Tal vez se te cayó la bolsa. Tal vez no revisaste los huevos en la tienda y después te diste cuenta que algunos estaban rotos. A pesar de estos pequeños errores ocasionales, apuesto a que la mayor parte de las veces todo funcionó bien llevando los huevos en una sola canasta (cartón o bolsa). ¿Entonces porque ibas a llevar tu vida de forma diferente? Pones todos tus huevos en una misma canasta porque es más fácil concentrarse en una sola canasta. Cuidar de una sola canasta.

Hablando de cuidar, un matrimonio monógamo no es exactamente mantener tus opciones abiertas. Sin embargo, es el tipo de relación más común en el mundo. No siempre funciona, pero cuando el matrimonio de alguien fracasa, rara vez tiene como consecuencia casarse nuevamente con cinco personas diferentes a la vez.

Capítulo 18 – Cepille sus dientes

"Más se ha de estimar un diente que un diamante." — Miguel De Cervantes

Esto no es una metáfora. Los dientes amarillos no van bien con una sonrisa falsa. Quieres una sonrisa que parezca de anuncio de pasta de dientes en la TV. Esas caras son inspiradoras. Escogen esas caras y sonrisas porque se ven felices y confiables. Sabes que es una sonrisa falsa porque es un actor y le pagan para sonreír, pero no podrías diferenciarlo por la extremada blancura de sus dientes. Así que cepilla tus dientes. Y usa hilo dental.

Capítulo 19 – Mantenga a la gente al límite de la tensión

"En la ficción: lo predecible nos parece aburrido. En la vida real: lo imprevisible nos parece aterrador." — Mokokoma Mokhonoana

Sé impredecible. ¿Diriges una gran compañía? Despide a alguien cada mes. Sin razón. Al menos sin ninguna buena razón. Haz que los empleados tengan miedo de ser los siguientes. Situaciones como un despido injustificado son problemas para tu área legal no para ti. Si tu equipo legal no lo puede manejar, son los siguientes en la línea de fuego. Aunque esto está limitado a grandes empresas. Tal vez solo tienes una pequeña empresa y no puedes permitirte despedir a la gente al azar. Está bien, aún puedes tener a la gente en tensión. Rompa cosas por la oficina. El IPad de tu socio, tu lámpara del despacho, un escritorio, cualquier cosa que se te dé la gana. Asegúrate de mostrar suficiente ira irracional para que tus empleados y colegas te teman. Entonces sabes que se quitarán de tu camino en tu ascenso a la cima.

Alejandro Magno siempre hacía lo opuesto a lo que se esperaba de él en la guerra. De hecho, en muchas ocasiones iba en contra de los consejos de sus experimentados generales. Sus enemigos esperaban que el ejército de Alejandro siguiera la misma estrategia que su exitoso padre Filipo II, siempre estaban desprevenidos para su valentía. Alejandro conquistó un enorme imperio manteniendo a la gente al límite de la tensión.

Capítulo 20 – Quéjese constantemente

"El acto más valiente sigue siendo el pensar por uno mismo. En voz alta." — Coco Chanel

Un quejoso constante es lo que eres. Al menos deberías serlo. Tienes ese derecho porque eres una persona exitosa o estas en tu camino a convertirte en una. Das todo de ti mismo para conseguirlo. Es justo que al menos esperes lo mismo de los demás. Te mereces estar rodeado de gente que trabaja para hacer tu vida más fácil, desde tu mucama hasta quien que te prepara el café.

Estoy seguro que estás de acuerdo con esto, pero puede ser que sientas que, aunque esto es lo que te mereces, rara vez es lo que tienes. Bueno ahí es cuando viene la queja. Quejarse en una cosa maravillosa. Te hace sentir bien acerca de ti mismo, te permite dejar salir tus frustraciones, y tiene el beneficio agregado de hacer sentir peor a la otra persona. Un ganar-ganar.

¿Te has dado cuenta que aquellos que usualmente reciben el peso de las quejas son aquellos que no tienen la culpa y que además no pueden hacer nada para ayudar? Eso es porque quejarse es bueno para el alma. Es bueno para hacerte sentir importante y que la otra persona se sienta menos. En otras palabras, cuando te quejas, tu estatus en el mundo sube y el de la otra persona baja. Quejarte no te cuesta nada. Muchas veces quejarse es aún más rentable porque la gente te ofrece dinero/regalos a cambio. Recuerda que nunca debes compadecerte por ellos. Si te dieron algo menos que perfección es su propia culpa, no la tuya. Les estás haciendo un favor al hacérselos notar. Incluso si ni siquiera era su culpa.

Capítulo 21 – Sepa cuando parar

"Si al principio no tienes éxito, inténtalo, vuelve a intentarlo. Entonces deserta. No tiene sentido ser un maldito tonto al respecto."
— WC Fields

Aquí hay un viejo chiste para ti: un hombre estaba caminando por la calle cuando vio una escalera que llegaba al cielo y comenzó a subirla. Llegó a una nube en la cual se sentaba una bonita mujer

"Hazme el amor o sigue subiendo la escalera camino a complacerte", le dijo.

Estuvo tentado pero su curiosidad pudo más. Siguió subiendo. En la siguiente nube había dos hermosas mujeres.

"Haznos el amor o sube la escalera camino a complacerte", le dijeron.

El hombre se dio cuenta que las cosas se iban poniendo mejor así que las rechazó. En la siguiente nube había dos mujeres aún más hermosas y un montón de dinero.

"Haznos el amor y toma el dinero o sube la escalera rumbo a complacerte", le dijeron

Apenas pudo controlarse y siguió subiendo la escalera. Cuando llegó a la nube más alta estaba este hombre feo, peludo, de 200 kilos, con un fuerte olor corporal completamente desnudo.

"¿Quién eres?" preguntó el recién llegado.

"Hola" dijo el hombre gordo y feo, sonriendo, "¡Soy Tehe!"

Tal vez esta broma de cierto modo es sexista y homófoba, pero la lección está clara. Nadie pierde grandes cantidades de dinero en el casino, retirándose tan pronto como obtienen solo un poco. Aplica esa vida a tu vida. Obtén un poco de éxito y después retírate. ¿De verdad necesitas ver que hay al final de la escalera? No, no lo necesitas. Mientras más alto subas, más fuerte será la caída. Los imperios caen porque se extienden demasiado. La historia nos ha demostrado la dificultad de pelear múltiples guerras en diferentes frentes. También nos ha mostrado que cuando un gran poder sufre una gran derrota tiende a ser el principio del final. Todos se dan cuenta que el imperio no es tan poderoso como parecía. Llevan ese pensamiento con ellos al campo de batalla y un día todo lo que queda del gran invencible Imperio Romano es Silvio Berlusconi durmiendo con chicas prepago menores de edad (supuestamente). Extiende tu imperio personal hasta donde seas capaz de protegerlo. Entonces enfócate en cuidarlo y consolidar tu poder dentro de él. No crezcas más allá de tus capacidades. Si estás inseguro si parar o seguir avanzando, solo para. La mayoría de la gente sobreestima sus propias habilidades.

Te estoy diciendo que no eres tan bueno como crees. Así que retírate mientras vas ganando. Si eres una de esas pocas y raras personas que se subestiman a sí mismas, renunciar antes de alcanzar la cima es aún una decisión inteligente. Te dará tiempo para evaluar si debes seguir o quedarte con lo que tienes. Pero si continúas yendo más allá de tus limitaciones, entonces, estás destinado al fracaso.

Capítulo 22 – Nunca admita un error

"Errar es humano. Culpar a alguien más es política." —
Hubert H. Humphrey

Admitir tus errores es otra malísima idea que se ha fomentado en los últimos años. En teoría muestra que eres humilde, evolucionado y que estás dispuesto a admitir que eres humano. En realidad, muestra que eres débil. ¿Alguna vez los Estados Unidos de América han admitido que cometieron un error? ¿Una sola vez? Aun cuando el mundo entero sabe que están destrozando todo. ¿Aun cuando desde Vietnam hasta Iraq hemos aprendido lo letales pueden ser esos errores? ¿Aún si sus propios ciudadanos se quejan? Nunca admite que lo hicieron mal. No hasta más de cien años después, una vez que el hecho se vuelve irrelevante e incluso entonces, no está garantizado que admitirán algo. Esa es la razón por la cual los Nativos Americanos tienen derecho de propiedad en sus tierras tribales pero los descendientes de esclavos no reciben una disculpa por el trato que recibieron sus antepasados.

A pesar de haber perdido terreno ante la China comunista, los EUA siguen teniendo la economía más grande del mundo. Siguen, por mucho, contando con la mayor fuerza militar del mundo. Sigue siendo el oponente que ningún país quiere enfrentar en una guerra. Militar o económica. ¿Así que cómo logran todo esto? Jamás admitir que cometieron un error. Perpetuando una historia donde ellos, como Dios y el Papa, son infalibles.

Así es como un país puede mal manejar diferentes y ridículas guerras a la vez, la guerra contra las drogas; contra el terrorismo; contra la obesidad; etc., seguida por una política fiscal mal gestionada, tener la peor imagen global en relaciones públicas del mundo (excepto tal vez por Corea del Norte y uno que otro más) y aun así considerar su hogar como la mayor cosa que el mundo jamás ha visto. Toma la lección de los Estados Unidos. Los errores es algo que otra gente comete, todo lo que tú haces forma parte de un plan maestro. Por eso es que eres tan rico e indestructible.

Capítulo 23 – Perdone a la gente

"Los estúpidos no perdonan ni olvidan. Los ingenuos perdonan y olvidan. Los sabios perdonan, pero no olvidan." — Thomas Stephen Szasz

Perdonar a la gente es una de las grandes cosas que puedes hacer. A menos que nunca hayas dejado tu casa, alguna vez te habrás equivocado en tu vida. Hay una gran probabilidad de que pasará más de una vez. Arremeter contra ello es una respuesta natural. Combate esa urgencia. Perdonar a las personas te dará un aura de una persona madura, santa. Piensa en los grandes perdonadores de la historia – Jesucristo, Mahatma Gandhi, Nelson Mandela. Estos hombres alcanzaron grandes cosas sin arremeter en contra de sus persecutores. Así que la próxima vez que estés tentado a guardar rencor, date cuenta que puedes conseguir más cosas con el perdón. La venganza toma tiempo y toma energía y sus consecuencias frecuentemente volverán para destruirte.

Asegúrate que perdones a las personas lo más públicamente posible. De ese modo, cuando más adelante "alguien" apuñale a esa persona con una pluma envenenada, eres menos sospechoso. Por supuesto que nunca perdonas verdaderamente a alguien. No eres Nelson Mandela y no lo serás. Solo eres humano. Perdonar es sólo una táctica que usas para bajar la guardia de tu enemigo. Te hace quedar bien y debilita a tu enemigo. Es una de esas brillantes tácticas de engaño. Pero nunca las creas, la gente que te ha perjudicado merece ser castigada. Los grandes perdonadores de la historia pueden tener nombres famosos, pero no vivieron vidas fáciles y muchos fueron asesinados. La historia también tiene gran cantidad de rencorosos triunfadores. Érase una vez un imperio conocido como el Imperio Khwarezmid. ¿Imagínate porque nunca has escuchado de ellos? Sucede que también había un líder mongol al este de ese imperio con el nombre de Genghis Khan. Khwarezmianos eliminaron a sus mensajeros, asedió su mongoles destruyeron la tierra y masacraron khwarezmiana. Cuando se sugirió que pudo haber sido una sobrerreacción por unos pocos mensajeros, el Sr. Khan dio una escalofriante respuesta – *"Soy el castigo de Dios. Si no hubieras cometido grandes pecados, Dios no me habría enviado como castigo para ti"*. Por cada 200 personas que leen este libro, una de ellas será descendiente de Ghengis Khan. Las probabilidades de encontrar un descendiente khwarezmiano entre 200 lectores es mucho más baja. A pesar que Genghis Khan era un solo hombre y los Khwarezmianos abarcaban todo un imperio.

Si lees la biblia verás que Dios es amor, perdón y paz. También es venganza implacable y destrucción. Toma una lección de su dualidad. En público eres el líder amoroso y pacífico. En privado eres pura rabia. Un Gandhi para el mundo y un Genghis Khan para tus enemigos.

Perdona y olvida es una simple declaración, pero la mayoría de la gente no se da cuenta de lo que significa. Piensan que significa perdonar a alguien por el mal que te hizo e incluso olvidar ese mal. Pésimo consejo. El verdadero significado de perdonar y olvidar es que perdonas a las personas y después olvidas que los perdonaste.

Capítulo 24 – Actúe como si estuviera siendo filmado

"Big Brother te está vigilando." — George Orwell

Es sabio actuar como si todo lo que haces estuviera siendo grabado por una cámara y un micrófono porque probablemente es verdad. En la edad moderna estás constantemente vigilado. En la recámara y en el baño puedes estar menos preocupado de esto porque dice más de la persona que te está viendo que de ti. Solo no te enredes en algo demasiado ilegal en la recámara o el baño. No hasta que primero hayas limpiado de cámaras ocultas e insectos.

Actuar como si siempre estuvieras siendo filmado es sentido común, pero es difícil de llevar a la práctica. Todos los chistes ofensivos que te sabes, y sé que al menos sabes uno, nunca deben ser dichos en voz alta y nunca publicados en línea. Cualquiera que sea tu raza, creencia, sistema y orientación sexual, hay más gente en el mundo que es diferente de ti que similar. Así que no te sorprendas si insultas a un grupo minoritario y descubres que no es tan menor. Estos grupos minoritarios a menudo tienen amigos fuera de su grupo para ayudar. Aquellos amigos fuera del grupo existen porque estas "minorías" han sido lo suficientemente inteligentes para mantener sus bromas para ellos mismos.

Una vez que logras el éxito, te conviertes en un blanco. Así que cualquier cosa estúpida que hayas dicho o hecho podría volverse pública. ¿Quieres ser la figura pública a la cual el mundo le da la espalda?

Capítulo 25 – Siempre llegue tarde

"Yo siempre llego tarde a las citas, a veces hasta dos horas tarde. He intentado cambiar mi forma de actuar, pero las cosas que me hacen llegar tarde son demasiado fuertes y demasiado agradables." — Marilyn Monroe

Llegar tarde demuestra que consideras tu propio tiempo más importante que el de las personas que te están esperando. Tal vez hayas escuchado el viejo refrán "Vístete para el trabajo que quieres no para el que tienes". Esa mentalidad es válida para todo tu comportamiento. No importa si aún no eres exitoso, debes actuar como que lo eres. Si actúas de una manera respetuosa y puntual las personas asumirán que debes actuar de esa forma o estarás en problemas. Llegar temprano demuestra que eres demasiado entusiasta y la gente podría asumir que estás desesperado y necesitado. Llegar tarde demuestra que no te importa.

La indiferencia es buena, imagina a los grandes personajes de las grandes películas. ¿Alguna vez viste a Don Corleone apurándose para una cita en el Padrino I o II? Acaso Aragon alguna vez se disculpa por llegar tarde en El Señor de los Anillos ¿aunque no se aparece hasta el último momento? No. Estos hombres son demasiado poderosos para preocuparse por nimiedades como la tardanza. Nunca llegues temprano.

Capítulo 26 – Nunca acepte un consejo

"Escuche, sonría, esté de acuerdo y entonces haga lo que sea que iba a hacer de cualquier forma." — Robert Downey Jr.

Los consejos son siempre un acierto o una equivocación. Hay ciento un razones diferentes por las cuales una persona te da un consejo. Podría ser porque ha funcionado para ellos en el pasado. Podría ser porque están preocupados sobre tu trayectoria actual o escucharon que funcionó para alguien más a quien respetan, pero tal vez son envidiosos y están tratando de sacarte del juego. En algunas instancias podría ser porque están tratando de vender un libro de autoayuda. Ese consejo es el más sospechoso de todos.

Los consejos pueden ser brillantes, pueden ser terribles, pueden estar en cualquier lugar en esa línea. ¿Puedes estar seguro que eres lo suficientemente inteligente para saber la diferencia? Aun cuando pienses que lo eres, ¿puedes estar 100% seguro? Este es el único consejo que debes seguir, no escuches ningún consejo que te den, incluso si es de un experto. Hasta donde sabemos los expertos pueden temerte y querer sabotearte lo más pronto posible. Los consejos de la familia y amigos deben ser siempre ignorados. Esas personas te conocen lo suficientemente bien para saber que no escuchas sus consejos, así que solo te los dan para satisfacer sus propios egos. Si alguna vez te aconsejan hacer algo que ya tenías planeado hacer, entonces debes seguirlo y actuar como si lo hicieras porque la otra persona te dio la recomendación. Se sentirán bien acerca de si mismos. Pensaran que son sabios y que tienen algo de control sobre ti. Déjalos que lo piensen. Podrás usar esa ventaja más adelante.

Al final nadie sabe lo que es mejor para ti. Ni tus amigos, ni tu familia, ni tu sacerdote, ni el vagabundo que conociste después de desmayarte en su lugar habitual para dormir. La mamá de George Washington era conocida por odiar las ideas políticas revolucionarias de su hijo. Imagina si él hubiera seguido su consejo y dejado en paz a los británicos. El mundo podría ser un lugar muy diferente. Sé siempre amable, sonríe y agradece a la gente por su ayuda. Entonces ignóralos.

El consejo de los desconocidos es invariablemente pésimo. No porque no te conozcan. De hecho, lo único bueno de su consejo es que no tienen ideas preconcebidas de quién eres. Pero si un desconocido te da un consejo significa que cree que su consejo funciona el 100% de las veces por lo tanto aplica para todos. Por eso te lo están dando. Cualquiera que piense eso es un tonto. Por supuesto que hay cosas que funcionan el 100% del tiempo. Necesitas agua y oxígeno para sobrevivir el 100% del tiempo, pero nadie te daría ese consejo. Las cosas que funcionan siempre no necesitan ser explicadas o recomendadas. Ignora los consejos. Siempre.

Capítulo 27 – Usted es lo que come

"Yo no dejo de comer cuando estoy lleno. La comida no se termina cuando estoy lleno. Se termina cuando me odio a mí mismo." — Louis C. K.

¿Sobrevive el presidente Obama a base de una dieta de doritos y televisión? Es posible, pero estoy suponiendo que come algunos cuantos vegetales y otros alimentos considerados saludables. Esa es una de las razones por las que ha alcanzado mucho más que el estadounidense promedio. Su dieta es mejor que el 90% de sus compatriotas. Cuando comes bien, vives bien. Cuando vives bien, triunfas. Sin embargo, el presidente Obama es una figura divisiva así que las probabilidades son que no está comiendo lo suficientemente bien. ¿Qué podría comer para acallar a sus enemigos y tener aún más éxito? Examinemos el abanico de opciones de lo que podría ser una alimentación saludable.

Están los consejos estándar de salud que el gobierno distribuye a los ciudadanos y que cambian cada año en función de qué organización de cabildeo alimentario dona más dinero. También hay expertos, investigadores y charlatanes que discrepan con los consejos del gobierno. Si observas las tendencias de las dietas hoy en día te darás cuenta que no hay consenso en ninguna parte. Desde los amantes de la carne paleo hasta los veganos que no soportan el sufrimiento animal, nadie está de acuerdo en qué es saludable. Jeanne Calment fue el ser humano viviente más longevo registrado. Fumó hasta la edad de 119 y también comió un kilogramo de chocolate cada semana hasta la edad de 119. ¿Es acaso coincidencia que murió solo tres años después de dejar esos alimentos básicos? Pudo estar más relacionado con sus 122 años, pero el hecho permanece, las dietas no tienen sentido.

¿Así que, qué deberías comer? La respuesta es simple. Ya que no podemos estar de acuerdo en la mejor proporción y balance que cualquier dieta debería tener, come "éxito". Solo come cualquier cosa que tenga sabor a éxito porque si quieres ser exitoso debes comer exitosamente. Esto significa que la comida ideal debería ser un festín caníbal de los bien mantenidos órganos de Bill Gates, pero eso podría no valer la pena el esfuerzo. Así que ¿qué más es éxito? Eso depende de ti. El chocolate y la miel saben a éxito para mí. Hago reverencia al chocolate porque fue una vez considerada la comida de los dioses incas y la miel porque los antiguos egipcios la consideraban del mismo modo. También el sashimi es éxito porque es muy caro. Lo mismo con un buen corte. Todas estas son cosas que la gente exitosa come.

Vamos a examinar la dieta básica del billonario Warren Buffet. No sé sus hábitos de dieta semanal actual, pero sé que por un largo tiempo vivió de Coca-Cola cherry y chocolate y tal vez aun lo hace. Eso es comer exitosamente, aunque tenga algo de sobrepeso y haya tenido cáncer, podrías hacer algo peor que emularlo. Su secreto es tomar muchos productos Coca-Cola pues es la marca más reconocida del mundo. No hay nada más exitoso que eso.

Capítulo 28 – Usted es asombroso

"¡Somos lo que creemos que somos!" — C.S. Lewis

¿Sientes que el universo gira alrededor de ti? Incluso las personas más deprimidas tienen una profunda creencia de que su propia historia es la historia central del mundo. Déjame asegurarte que esa creencia es verdad. Te sientes de ese modo porque así es. Los detractores te dirán que es una actitud egoísta. Puede ser, pero la verdad es muchas veces, egoísta. No puedes vivir tu vida como si girara alrededor de alguien más.

Los esclavos no ven el mundo a través de los ojos de su amo, solo ven su propio sufrimiento. Por muy devotos que sean, los padres aun retienen su propia identidad. Así que cuando alguien te diga que consideres los sentimientos de los demás solo ignóralo. ¿Debería el esclavo dejar de pensar en su propio sufrimiento para considerar solo los problemas de su amo? El amo sin duda tendrá sus propios problemas y decisiones problemáticas que afrontar: ¿qué hacer con las prendas que poseen?, ¿qué tanto alimentar a los esclavos?, ¿qué hay de comer para la cena?, ¿a qué esclavo acosar esa noche? Esos problemas son serios para el amo, pero no para el esclavo. No a menos que el esclavo sea a quien se escogió acosar o matar de hambre.

Una persona solo se convierte en un verdadero esclavo cuando considera la vida de alguien más superior a la suya. Se llaman problemas de alguien más porque eso es exactamente lo que son, los problemas de alguien más. No los tuyos.

Eres lo más importante en esta tierra. Tal vez no te atrevas a decirlo en voz alta. Incluso te cueste pensarlo. Pero dentro de ti sabes que es verdad. Sin embargo, aun sabiendo lo importante que eres, puede ser que te enfoques más en tus defectos que en tu grandeza. Cuando miras al espejo puedes ver toda clase de imperfecciones y cosas que podrías cambiar. Cuando yo me veo en el espejo, veo al más asombroso, exitoso, guapo y modesto hombre que pudieras jamás imaginar conocer. A menudo le agradezco al espejo por mostrarme esta visión de perfección, esto siempre debe hacerse en voz baja sino quieres que otras personas piensen que eres un narcisista (pero debes ser uno). Cuando te mires en el espejo debes ver lo que yo veo. El color de la piel, estructura de cuerpo y diferencias de género no cuentan.

En un inicio podrías tener problemas para aceptar esta visión de ti mismo. Tu cerebro puede tratar de decirte que no eres tan exitoso/bello/asombroso/modesto. Pero tu cerebro está equivocado y debes seguir diciéndotelo. Nadie que alguna vez cambió el mundo, lo hizo con una medida limitada de su propio valor. Todos fuimos bebés indefensos alguna vez. Si continúas viéndote a ti mismo de esa manera, también lo hará el mundo. Mírate como un Dios andante entre los mortales y los otros también lo creerán.

Capítulo 29 – Confíe en el universo

"Si vives tu vida con imaginación y brío, Dios te seguirá el juego solo para ver qué cosa divertida y escandalosa harás a continuación." — Dean Koontz

No importa que seas solo un perezoso desperdicio de espacio-tiempo en el planeta, que no ha conseguido nada y malgasta todo su día drogándose. No importa siempre y cuando tengas fe en el universo. Y debes hacerlo. El universo está vivo y reverbera energía. Pregúntale a un físico cuántico y tal vez te diga que el universo es pura energía. Eso es ciencia. Ciencia y filosofía todo en uno.

Eso significa que mientras te recuestas y ves tus series favoritas de televisión, estás rodeado de energía infinita. Poder infinito. Así que no te sientas culpable. No tienes que hacer nada. Hay tanta energía en la atmósfera que sería un desperdicio de tiempo y esfuerzo poner energía adicional en ese ámbito. Si se siente como trabajo arduo para ti, entonces no lo vale. Solo ten fe en el universo, en que las cosas importantes se harán.

Déjame preguntarte esto ¿eres acaso más poderoso que el universo? ¿no? ¿Entonces por qué preocuparte cuando existe la preciosa televisión, comida rápida de agasajo y pornografía en el internet a alta velocidad? En lugar de trabajar hacia tus metas, combina todas estas delicadezas en una tarde maravillosa de miércoles, porque eso es para lo que se hicieron los miércoles. La energía del universo está guiándote constantemente y ayudándote. Solo siéntate, relájate y déjalo hacer lo suyo.

Capítulo 30 – Trate mal a la gente

"La vida es sufrimiento." —— Buddha

"Es imposible sufrir sin hacer a alguien pagar por ello; toda queja contiene ya una venganza." —— Friedrich Nietzche

Desde el momento que naces, te enseñan que trates bien a la gente. Los padres, cuidadores, maestros, personajes de televisión, líderes religiosos e incluso un extraño. Cualquiera piensa que esa es la lección que debes digerir bien. Todo esto es una mentira. La gente que te dice estas cosas solo lo hace para que seas bueno con ellos. Pero esa no es la persona que deberías ser. Sabes lo que la mayoría piensa si eres el tipo de persona que siempre tiene una palabra amable para todos. Piensan que eres un adulador, limosnero y complaciente. Tratar bien a la gente te pone en el peldaño más bajo de la escalera del éxito.

Cuando tratas bien a las personas tienden a quererte más, confiar más en ti y tratarte casi del mismo modo que tú les tratas. Eso suena bien al principio, pero no lo es. ¿Te has percatado que usé la frase "tratarte casi del mismo modo"? Esa era una frase importante. Las personas no dan más de lo que reciben. Desde los limosneros hasta los billonarios nadie da más de lo que recibe porque nadie puede costearlo. Lo mismo pasa con la amabilidad. La persona con la que eres amable nunca te va a tratar tan bien como tú la tratas. Mantendrá un recubrimiento por la amabilidad intercambiada para hacerlo proporcional pero nunca será igual. Así que eventualmente terminarás tratándolos un poco mejor. Esto te va a degradar ante sus ojos. Te verán como un adulador. Alguien que no es tan bueno como ellos.

Aún si te llegaran a tratar igual, ¿es eso lo que quieres?

¿Quieres ser igual que el resto de tus compañeros? ¿O quieres ser exitoso? ¿Superior? ¿Ser una luz candente brillando hacia las posibilidades infinitas? Si eso suena a ser lo que aspiras, entonces trata a la gente como si estuviera por debajo de ti. Cuando tratas a la gente con desdén creas en ella una necesidad inconsciente de complacerte.

Jesucristo es un excelente ejemplo de por qué no debes tratar bien a las personas. Claro que aún es famoso 2000 años después, pero su vida personal no fue del todo fabulosa. Jesús fue un hombre (o deidad si así lo crees) quien cometió el error fatal de tratar a todos con amabilidad (excepto a algunos comerciantes). Aunque puedes aprender mucho de Jesús, esta es un área donde es mejor evitar sus enseñanzas. La razón por la que la cristiandad ha sobrevivido más de dos milenios es porque la mayoría de los seguidores tienen el buen sentido de evitar guardar las enseñanzas de Jesús. Los primeros cristianos siguieron sus enseñanzas al pie de la letra y fueron masivamente masacrados. Jesús alimentó a miles de seguidores hambrientos, regresó a la vida a los muertos, curó leprosos, lavó los pies de los pobres y puso la otra mejilla. Hizo todo esto sin cobrar nada. Su vida entera fue devoto a ayudar a los pobres. ¿Ves su error? Los pobres no pueden pagar por tu amabilidad. Tampoco tienen amigos poderosos para ayudarte en tiempos de necesidad. Y Jesús ciertamente tuvo su momento de necesidad. Los poderosos vinieron por él y él puso la otra mejilla. Ahora si eres amable por naturaleza porque eso te fue inculcado, está bien, podemos trabajar esa limitación, pero hay un momento donde debes decir basta. Cuando alguien viene a matarte, peleas o corres, eso es porque tus mejillas te pertenecen solo a ti. Si quieres pasar los treinta y tres sin la experiencia de tener clavos atravesando diferentes partes de tu cuerpo, reduce tu nivel de amabilidad.

Ahora vamos a examinar la vida de un tal Josef Stalin para

comparar. El hombre tenía un bigote impresionante, que es la tarjeta de presentación de cualquier gran tirano. Su nombre resuena en la historia como la encarnación del mal violento. Su única cualidad expiatoria fue su contribución a la derrota de Hitler, tal vez el único otro nombre en la historia occidental que provoca más odio. ¿Y cómo ayudó Stalin a derrotar a Hitler? Arrojó a los soviéticos al frente hacia el ejército nazi de tal modo que los mantuvo ocupados hasta que el invierno pudiera llegar a destruir lo que quedaba de la avanzada ariana de Hitler. Stalin no era un hombre amable, podrías llenar un libro con ejemplos, pero el mayor de ellos es que fue responsable de millones de muertes, incluso más que Adolfo Hitler. Aun así, se quedó en el poder por veinte años y lideró un imperio que rivalizó con el poderío de los Estados Unidos de América. ¿Su arma secreta? Nunca ser amable.

La gente exitosa llega a donde está usando a la gente. Nunca lo admitirán. Ni siquiera a ellos mismos. Pero esa es la única manera de llegar a la cima. La clave yace en la palabra éxito que quiere decir salida o resultado y resultado viene de ser repercutido. Eso indica que todas las personas a las que irás utilizando para escalar hacia el éxito son necesarias, aquellos que irás repercutiendo al pasar por encima de ellas. Y no te preocupes por la culpa, una vez que hayas subido la escalera lo suficiente, no podrás escuchar sus angustiados lamentos de traición desde lo más bajo.

La guía dentro de la guía: Cómo tratar mal a la gente

Algunas personas piensan que tratar mal a otros significa solamente gritar y ser groseros. Estas personas son amateurs que no pueden ver el panorama general. Sino estás acostumbrado a tratar mal a otros, este es un buen lugar para comenzar. Es una forma de construir buenos hábitos. Es de mucha ayuda arruinarle a alguien el día y hacerlo sentir pequeño, pero no olvides que ese es solo el punto de inicio. Arruinarle a alguien el día no es lo suficientemente cruel. Una persona promedio vive alrededor de 27,375 días. Arruinar sólo uno de ellos es tan minúsculo que ni siquiera vale la pena calcularlo. Arruinar su día es sólo un ejercicio de calentamiento y una vez que te sientas cómodo necesitas progreso. El siguiente nivel es poder ganarte la confianza de alguien. Gritarle a un desconocido sólo le afectará por un tiempo. Traicionar a alguien que confía en ti lo perseguirá por el resto de su vida. Y si lo haces bien, el resto de sus vidas no será tan largo.

Judas Iscariote nunca le gritó o abusó de Jesús. Lo adoraba. O al menos eso pretendía. Juditas fue lo suficientemente inteligente para mantener su complot solo para él, hasta el final. Jesús murió de forma horrible y Judas se encontró con 30 piezas de rica plata. Ganar- Ganar. En la era de los medios sociales a menudo es difícil mantener tus verdaderos sentimientos escondidos. Pero debes esconder todas tus intenciones. De otro modo fracasarás.

Capítulo 31 – Nunca se vista bien

"Es un riesgo hacer contacto visual con los adultos mientras estás vestido de payaso." — Douglas Coupland

Cuando te vistes bien le das a los demás la impresión de que eres un trabajador hábil y competente. Eleva sus expectativas muy alto aumentando la posibilidad de que alguien te dé tareas demasiado demandantes. Lo más alto que fijas las expectativas, menor es la probabilidad de que las cumplas. Una de las verdaderas claves del éxito es bajar las expectativas. Si te vistes bien las personas te ignorarán como persona y tu éxito será atribuido a tus ropas. Imagina que eres un vendedor que acaba de obtener un gran cliente para su empresa. Eso requiere mucho trabajo, encanto y suficiente estrés para restar años a tu esperanza de vida. Imagina que después de todo ese esfuerzo la gente solo le da el crédito a tu bonito par de zapatos. Opta por la alternativa, ponte las piyamas para ir a trabajar y la gente se impresionará con que consigas mantenerte despierto. Nadie esperará grandes cosas de ti, ni siquiera buenas. Todos tus pequeños logros se volverán impresionantes. Siempre es una ventaja que los demás te subestimen. Confiarán más en ti y se sentirán cómodos no volteando a verte. Esto te da la perfecta oportunidad de clavarles un puñal por la espalda.

Hay algunas pocas y raras circunstancias cuando te deberías vestir bien. Si eres tan incompetente en tu trabajo que incluso un jefe medianamente inteligente es capaz de despedirte entonces ponte tus mejores ropas. Quieres colores brillantes para deslumbrar y confundir a tu jefe y a tus compañeros de trabajo. Para los hombres recomiendo un traje rojo fuego y para las mujeres un vestido escotado verde con amarillo combinado con una tiara. No tienes que seguir a la perfección estos consejos de moda, solo encuentra tu mejor estilo. El objetivo es engañar a los demás en que piensen que eres medianamente capaz. Una vez que sean engañados puede regresar a vestirte como haragán.

Capítulo 32 – Cometa actos criminales

"Detrás de toda gran fortuna, yace un gran crimen." — Honoré de Balzac

Ningún gran obituario comenzó con las palabras "Siempre siguió las leyes de su gobierno". ¿Alguna vez escuchaste acerca de Alfonso Gabriel Capone, John Fitzgerald Kennedy, Sir Francis Drake, ¿Barbarossa? La lista de famosos criminales y sus descendientes es interminable.

Los hombres que acabamos de mencionar fueron: contrabandistas, descendientes de contrabandistas y piratas. O como se les conoce más comúnmente hoy en día: presidentes, aventureros, descubridores y hombres de negocios. La ley es cambiante. Al Capone ganó millones de dólares vendiendo alcohol cuando era ilegal. Es el arquetipo del jefe mafioso despiadado. Sin embargo, hoy en día su organización sería completamente legal y cotizaría en una gran bolsa de valores. La expresión "el crimen no paga" es una mentira. La enorme riqueza de Al Capone es una prueba de ello. Hay una razón por la que los traficantes de drogas conducen autos lujosos, llevan joyas llamativas y pueden comprar caros armamentos. El crimen es el lugar donde se hacen las fortunas y las reputaciones. El crimen es rentable, lo que no lo es, es que te atrapen. Aunque incluso entonces, algunas veces lo es. Muchos libros y carreras se han hecho después de la sentencia en prisión. Los ciudadanos respetuosos con la ley no inspiraron películas como Blow ni programas de televisión como Orange is the New Black.

Asegúrate de elegir los crímenes correctos. Cuando elijas tu delito solo enfócate en seguir la regla número uno: que no te atrapen. Robar millones no vale la pena si quedas confinado a una pequeña celda con un solo inodoro compartido entre ocho personas por el resto de tu vida. Solo pregúntale a Bernard Madoff. La selección del crimen es el paso más importante que debes considerar. Debe ser inteligente pero no muy inteligente. Si cometes un acto criminal de genialidad pura, lo primero que querrás es que te atrapen. Querrás revelar ese genio al mundo. No necesitas ser un genio, solo se lo suficientemente inteligente. Escoge un crimen que se adapte al mundo al que estás acostumbrado y encuentra como beneficiarte de ello.

Diría que el asesinato y el vandalismo no son crímenes rentables, pero los sicarios y el artista Bansky han hecho carreras enteras de ellos. Así que no hagas caso a lo que digo acerca de cuáles crímenes hacen dinero y cuáles no. Si no te vienen ideas el comercio de drogas ilícitas es una de las industrias más grandes en el mundo, así que es un buen lugar para comenzar. El fraude financiero, fue un crimen hecho por Bernie Madoff porque ese era el mundo que él comprendía. Tal vez nunca lo habrían atrapado si sus hijos no se hubieran puesto en su contra. Recuerda, para evitar ser atrapado debes mantener a todos incluyendo tus hijos, en la oscuridad. Lo que el Sr. Madoff hizo, no fue de tal genialidad que debía ser confesado. Pero la gran cantidad que robó significaba que tenía que presumírselo a alguien, escogió a sus hijos. La familia puede ser muy cercana, pero si alguna vez estudiaste el historial de las familias de la realeza te darás cuenta que no hace falta mucho para que alguien haga que su hermano, sobrino o tío sean asesinados.

¿Qué pasa si te atrapan? ¿Qué deberías hacer cuando fallaste en seguir la regla número uno? Ahora tienes otra regla: Negarlo todo. La negación es una extensión de la regla uno acerca de no ser atrapado. Si tienen pruebas sólidas en tu contra, defiende que es un fraude del gobierno. Uno que están llevando en tu contra por causa de: etnicidad/género/sexualidad/sentido de la moda/ opiniones políticas, etc. La mayoría de las personas que son acusadas bajan la cabeza en vergüenza y admiten su culpabilidad en voz callada. Nunca admitas ninguna culpabilidad. Nunca muestres vergüenza. Eso es lo que los culpables hacen. Tu eres inocente ¿recuerdas?

Capítulo 33 - Sea prejuicioso

"Sino que los destruirás por completo: a los hititas, amorreos, cananeos, ferezeos, heveos y jebuseos, tal como el SEÑOR tu Dios te ha mandado." — Dios

¿Has oído hablar mucho de los cananeos últimamente? No lo creo. Los humanos son una especie tanto social como territorial. Queremos estar cerca de otros humanos, pero no queremos que otros ciertos humanos estén cerca de nosotros. La forma más sencilla de gestionar esta dualidad en el pasado próximo era a través del racismo. Nuestras evidentes diferencias físicas facilitaban la separación entre "nosotros" y "ellos". Estadísticamente, las personas se sienten más atraídas por las personas de su propia raza, les resulta más fácil identificar a los miembros de su propia raza y es más probable que sean amigos entre ellos. En los tiempos modernos, las barreras raciales se han derrumbado y hay un alto grado de integración. No tanto como la gente quiere hacer creer, pero sí mucho más que en los viejos tiempos.

Ya no vivimos en un mundo en el que puede salirse con la suya siendo racista. No en la mayoría de los países desarrollados. No abiertamente. Pero eso no significa que no puedas tener prejuicios contra otra cosa. Tienes que encontrar la manera de dejar salir ese prejuicio interior. Puedes tratar a las prostitutas o a la gente sin techo como inferiores y nadie te culpará por ello. Antiguamente, en Europa se consideraba que los judíos eran un blanco justo para el abuso de los prejuicios. Los musulmanes vivían demasiado lejos y eran vistos como un enemigo exterior. Pero el pueblo judío vivía en las mismas tierras que la mayoría cristiana e incluso tenían similitud en las sagradas escrituras. Esto hacía que al pueblo judío se le permitiera trabajar a la par, pero no era suficiente para ser aceptado. Se les veía como un grupo insidioso que conspiraba mientras sonreía a sus vecinos cristianos. Hoy en día la mayoría de la gente no cree que haya una conspiración judía masiva para apoderarse del mundo. Sin embargo, no dejes que esto te engañe. La gente no aprende y si alguna vez se preocupó por una ridícula conspiración judía siempre encontrará algo más para reemplazarla.

Hoy en día, en Occidente, los musulmanes son el blanco más fácil para el miedo y el odio ya que muchos de ellos también viven entre nosotros. Muchos consideran que es justo. Ya que unos pocos están implicados en violentos asesinatos, todos deben ser personas brutales y esto debe venir exclusivamente de su sistema de creencias. La discriminación forma siempre parte de nuestra naturaleza y cuando aprendemos que está mal discriminar a un grupo simplemente lo sustituimos por otro.

Una vez más, podemos recurrir al ejemplo a la orgullosa historia de los prejuicios estadounidenses. Desde los nativos americanos hasta los negros, pasando por las mujeres, los irlandeses, los italianos, los asiáticos, los judíos, los comunistas, los rusos, los homosexuales y los musulmanes, casi no queda ningún grupo en el mundo que no haya sufrido una discriminación activa por parte de la política nacional estadounidense. Hay que tener en cuenta que este es un país donde la primera ley establece que todas las personas tienen derecho a profesar cualquier religión y a decir lo que quieran y a reunirse donde quieran. Pero esa ley se escribió sobre los cadáveres de la población nativa que vivía allí antes de la llegada de los europeos. Los nativos no tenían prejuicios. Ayudaron a los primeros colonos a sobrevivir. Gran error por parte de los nativos. Si los nativos hubiesen tenido prejuicios, aún podrían estar al mando de América. Imagina que todos los europeos blancos hubieran llegado sin ningún prejuicio. Pronto habrían adoptado el modo de vida de los nativos y hoy no habría McDonald's en el mundo. Qué lugar tan solitario sería.

La otra cosa sobre los prejuicios es que son útiles para crear redes. El Ku Klux Klan de Estados Unidos ya no es la enorme institución que fue, pero sigue teniendo un número alarmante de miembros.

Imagina por un momento que eres un miembro del clan y necesitas comprar unas sábanas blancas. ¿A quién le compras esas sábanas? No vas con el vendedor negro que vende sábanas por obvias razones. Así que puedes ir a algún negocio sin rostro que tiene una buena oferta en sábanas pero que también emplea a personas no blancas, o puedes ir con tu amigo y compañero racista que resulta que también vende buenas sábanas blancas. Entonces, ¿de dónde sacas tu cruz gigante? ¿Se la compras a un cura que predica que Jesús nos ama a todos y que debemos amar al prójimo o vas con el predicador que sabe que Dios sólo ama a los caucásicos? Es útil formar parte de una comunidad y para los vendedores de sábanas y cruces gigantes hay una comunidad evidente que beneficiará sus ventas.

Capítulo 34 – La vida no es justa

"¿Se que el mundo no es justo, pero por qué no puede ser injusto a mi favor?"— Bill Waterson

La justicia no te debe nada cuando naces. Las películas y la televisión pueden tratar de convencerte de lo contrario, pero eso es ficción. Te sientes atraído por la justicia porque te han enseñado que te la mereces, pero no. La justicia es ciega. También es sorda, corrupta, perjudicial y estúpida. La justicia no se merece, se consigue. La consigues haciendo lo que sea que haya que hacer para poner a esa tonta y ciega de tu lado. Nunca te molestes con obtener justicia para otros, ya es lo suficientemente difícil obtener algo de ella para ti en este mundo.

Hay más de siete mil millones de personas en este planeta, lo que significa que muchas cosas extraordinarias pasan diariamente. Cosas extraordinarias que la mayoría no creería. Y si estas cosas extraordinarias tuvieran que ver con algo que es considerado un crimen y las personas que no las creen fueran el jurado y los jueces, podrías tener un problema.

Si quieres justicia en este mundo debes tomarla con tus propias manos. Soborna a los jueces, amenaza al jurado, sé blanco y aféitate bien, sé rico, haz lo que sea para aumentar tus probabilidades de un veredicto inocente o la futura prosecución de alguien más. La vida no es justa. Así que hazla injusta a tu favor.

Capítulo 35 – Tenga una mala actitud

"La actitud es una pequeña cosa que marca una gran diferencia." — Winston Churchill

Los Estados Unidos fueron construidos en un espíritu pionero de actitud de "poder hacer". Eso es por lo que las personas de esa nación están taladradas con esa actitud positiva sin sentido. Hace sentido para ellos porque cuando naces en el país más rico del mundo, en una familia amorosa, es fácil tener una visión positiva de la vida. Sin embargo, sabemos que eso no es real.

Hay una razón por la cual las tasas de divorcios, depresión, suicidios y problemas médicos son tan altas ahí. Se les ha educado diciendo que todos pueden ser astronautas con solo mantener una actitud positiva y esforzarse arduamente. Mientras tanto la NASA se ve obligada a recortar su presupuesto y volver obsoletos a los astronautas. Como sucede frecuentemente con los consejos basura que se le dan al público las pistas se encuentran exactamente ahí, en el dicho, "Nada es imposible", "puedes hacer cualquier cosa que te propongas", "sigue tus sueños". Todas esas son ridiculeces sin sentido. Lo imposible es algo o no existiría como palabra en nuestra lengua. No sigues tus sueños, despiertas de ellos. Los sueños no tienen ningún sentido y tiene menos sentido el tratar de hacerlos realidad. No puedes lograr todo lo que te propones. Imagina a un joven y determinado caballero con el nombre de Brian. Brian cree en el poder de la mente. Está tan convencido de este poder que cree que puede cortarse la cabeza y sobrevivir. Brian va a morir muy pronto. Nadie en su funeral va a reconocerlo por su confianza. ¿Tal vez se burlarán de él? ¿Tal vez intentarán no utilizar el término ofensivo retrasado mental? Pero, ¿reconocerán positivamente su actitud? Es poco probable. Si tiene algo de suerte el cortar su cabeza se quedará como un sueño. Y si no es tonto, no va a seguir ese sueño cuando despierte.

El hecho es que los humanos son criaturas limitadas. Los ejemplos que lo contrarrestan son la excepción y no la regla. Si vas por ahí con una actitud negativa, la vida será más sencilla para ti. Tendrás una buena idea de lo inútil que eres y te rodearás de personas que lo entienden del mismo modo. Las personas miserables se atraen unas a otras. Esa es la belleza de una mala actitud. Terminas con amigos que piensan como tú. ¿No quieres ir por la vida sabiendo tus propias limitaciones y nunca quedar decepcionado? ¿Preferías mejor fracasar en algo ridículo que pensaste que podrías manejar tan solo con una actitud positiva?

Asegúrate de rodearte de mediocridad. Si estás rodeado de gente mediocre ninguno de ellos se levantará lo suficiente para hacerte sentir mal. Los Estoicos fueron grandes filósofos de la antigua Grecia. Apreciaban el valor de tener bajas expectativas. Los Estoicos sabían que si mantienes bajas tus expectativas nunca serías decepcionado. Mis editores rivales de libros de autoayuda te dirán lo contrario. Te dirán que esperes todo en la vida. Soñar el sueño imposible. Pero cuando te des cuenta que no es posible, no te darán un reembolso del libro que te vendieron. En lugar de ello, podrán citar algún estudio acerca de los optimistas que vivieron mejores vidas, pero eso es un engaño. Los optimistas no tienen una mejor vida, solo dicen que la tienen porque son optimistas. Eso siempre falla cuando se les viene encima un puño de miserable realidad. Cuando se dan cuenta del cruel lugar que es este mundo, su optimismo se vuelve en contra de ellos. Los hace caer más bajo de lo que jamás nunca pensaron. Ir por ahí esperando siempre lo mejor del mundo, es una forma garantizada de inducir a una crisis nerviosa. Rodéate de negatividad y te protegerá de todas esas tonterías.

Estudiemos a mis rivales de autoayuda. No voy a decir sus

nombres, no por respeto sino porque son todos casi siempre el mismo. Uno de ellos te dice una mentira y otros miles repiten esa mentira en sus propios libros. Si bien esas personas ni siquiera me consideran un rival. Me ven como "una voz compañera en este hermoso mundo que ofrece una perspectiva única para ayudar a la gente a encontrar su verdadera misión en la vida". Ese no es mi objetivo y además me dan ganas de golpearlos. No me importa tu misión en esta vida. Tu misión en la vida puede no ser para nada útil para ti. Tal vez te pusieron en esta tierra para enseñarle a tu familia y amigos los peligros de tener sexo sin protección con una pareja de alto riesgo. Si esa es tu misión te sugiero que vayas por un camino distinto.

Me encantaría acabar con mis rivales. No es que me ayudaría mucho en las ventas, es solamente algo que quiero hacer. Ya no vivimos en el imperio romano. Ya no puedes asesinar a tus rivales solo porque se te da la gana. Necesitaría más de una simple excusa. Necesitaría la coartada perfecta. No tengo experiencia en el asesinato o en contratar sicarios así que dudo que pudiera hacerlo lo suficientemente bien para no ser atrapado. Por ello, no asesino a nadie. Los pensamientos negativos acaban de salvarme de una sentencia en prisión y a mis rivales de una muerte brutal. Imagina si fuera un optimista y pensara que puedo lograrlo todo. Terminaría con un baño de sangre.

Capítulo 36 – Sobreviva

"Que cada nación sepa, ya sea que nos desee bien o mal, que pagaremos cualquier precio, soportaremos cualquier carga, enfrentaremos cualquier dificultad, apoyaremos a cualquier amigo, nos opondremos a cualquier enemigo, para asegurar la supervivencia y el éxito de la Libertad." — John F. Kennedy

La clave del éxito, de cualquier éxito en este mundo, es sobrevivir. Podrías encontrar fama y fortuna después de exhalar tu último aliento, pero eso estaría basado en cosas que hiciste mientras vivías. Para ser exitoso tienes que estar vivo. Vivo por todo el tiempo que sea humanamente posible. Preferiblemente más tiempo. La gente muerta no es gente exitosa. Los muertos fueron o no fueron gente exitosa, pero ya no lo son. Solo están muertos[1].

Aunque podrías no darte cuenta, formas parte del reino animal. En el reino animal sólo hay dos sucesos exitosos: sobrevivir el mayor tiempo posible y procrear. No necesitas un libro que te diga cómo hacer ninguna de esas dos cosas. Sólo hazlas.

---

[1] *Como nota al margen, yo sí sé lo que pasa en el más allá (porque soy así de exitoso), pero tienes que comprar mi próximo libro para obtener esa información.*

Capítulo 37 – Actúe amablemente

"La amabilidad es el lenguaje que los sordos pueden oír y los ciegos pueden ver."— Mark Twain

Siempre es bueno ser voluntario para la caridad. La gente asumirá que eres una buena persona. Si lo haces por suficiente tiempo la gente comenzará a confiar en ti con su dinero. Este es tu objetivo final. La gente que da dinero a la caridad nunca da seguimiento para asegurarse que fue usado para bien. Su donación no es para ti o para tu organización benéfica, es para ellos. Es por la difusa sensación de calidez que les produce su acto de bondad. La caridad atrae a cierto tipo de persona: amable confiada y amorosa. Estos son los colegas perfectos. Es el tipo de persona que nunca sospecharía de ti robando. Las organizaciones de caridad rara vez pueden contratar contadores reales, así que actúa como si conocieras una o dos cosas acerca de números. Robar de una organización de caridad en la que haces voluntariado es un ganar-ganar. Quedas bien, tienes algo que usar para impresionar a la gente y además puedes ganas algo de dinero libre de impuestos.

Puedes ser amable de otras formas. Robar de la caridad no es el único acto de generosidad al que tienes acceso. Sino tienes tiempo para el voluntariado siempre puedes llevar a cabo pequeños actos de bondad. Puede parecer difícil y contraintuitivo al principio, pero pequeños actos de bondad son una forma importante de evitar actos más significativos de amabilidad.

Aquí hay algunos ejemplos de pequeños actos de bondad: dar comida a un limosnero, darle tu asiento a una embarazada, donar sangre. Pequeñas incomodidades que te protegen.

Debes haber visto al menos una película donde aparece un personaje verdaderamente cretino (pero no el villano). Él (o ella) es egoísta, grosero, inconsciente y no hace ningún acto de bondad o generosidad. ¿Qué pasa al final? El personaje hace un gran gesto desinteresado como sacrificar su vida por la de otra persona. Esa es su redención. Tu no quieres ser esa persona. ¿Preferirías dar algo de cambio a algún vagabundo o recibir una bala destinada a alguien más? Actos de bondad como cepillar tus dientes. Una incomodidad ahora, pero mejor hacer un poco de algo dos veces al día que la alternativa. Rehusarte a lavar tus dientes termina en problemas en las encías y futuras cirugías en tu vida. Imagina que alguien te pide que dones tu riñón y no puedes recordar una última buena acción que hayas hecho. Puedes sentirte tentado a donarlo sólo para compensar tu egoísmo. Pero pequeñas buenas acciones te protegerán de esto.

Aquí hay algunos discursos que pueden servirte para usar buenas acciones para protegerte: "No, lo siento, me encantaría darte mi riñón, de verdad quisiera, pero acabo de donar sangre la semana pasada, así que estoy un poco débil en este momento, y ya sabes también tengo la frente cubierta de buenas acciones" o "no, me encantaría ayudarte a mudarte y bajar peligrosamente cosas pesadas por las escaleras, ¿pero recuerdas que cuando cenamos me pediste que te pasara la sal?, bueno, te la pasé y tu no has hecho nada a cambio para devolverme el favor ¿o sí? Así que he hecho mucho por ti, pídeselo a alguien más".

Pequeños actos de bondad suman al escudo invisible que te protege de hacer cualquier contribución que valga la pena a la vida de otra persona. Pero asegúrate que no lo hagas de más. Aristóteles y Batman Inicia nos enseñaron que somos lo que hacemos. Si actúas bondadosamente con demasiada frecuencia podrías convertirte en ese tipo de persona. Eso es lo último que quieres. La gente tomará y tomará de ti hasta que no te quede nada que dar. Si te encuentras en esta situación solo toma nota del consejo de Aristóteles y la cura es obvia – tienes que comenzar por comprometerte con pequeños actos de falta de amabilidad. Introdúcelos a tu sistema lentamente. Patea a un cachorrito de vez en cuando. Ríete de alguien más desafortunado que tú. Háblale mal a tu mesero. Conviértete en alguien desagradable de corazón.

Capítulo 38 – No lea, nunca

"Ahora has escrito más libros de los que has leído." — Greg Giraldo (en referencia a Pamela Anderson)

Si has llegado hasta esta página del libro, sabrás el desperdicio de tiempo que puede ser el leer. En 2010 Google estimó que había 129 864 880 libros en el mundo. Nunca estarás cerca de leer el 0.001% de esos libros ni siquiera si aprendiste lectura rápida y te conviertes en un fiel devoto a la lectura por los próximos 100 años. En su lugar deberías ver televisión y películas. Si un libro es bueno lo harán una película. Y no quieres ver la película después de leer el libro. Terminarás diciendo una y otra vez "no fue tan bueno como el libro".

Imagina todas esas cosas que puedes lograr en lugar de leer estos párrafos. Cada enunciado por sí solo no agrega mucho, pero ponlos todos juntos y es una gran cantidad de tiempo. Podrías haber planeado, ejecutado y escapado con un botín del banco tan solo si no hubieras leído todo esto. No leas.

Capítulo 39 – No muestre emociones verdaderas

"Los chicos no tienen sentimientos, tienen músculos." —
Homero Simpson

Nunca dejes que se muestren tus emociones. Sólo revela emociones falsas. Los expertos te dirán que esto es malo para tu salud mental. Puede ser, pero es vital para tu éxito. Es el principio en el que se fundó la Gran Bretaña. Ayudó a los británicos a crear el imperio más grande que jamás se haya visto, a convertirse en el mayor jugador en el mercado de esclavos e incluso a esquivar la mayor parte de las consecuencias una vez que se abolió la esclavitud. Domina el arte de ocultar tus emociones y nadie será capaz de aprovecharse de ti.

Sin embargo, la gente no confía en los robots. Necesitan pensar que eres capaz de tener y mostrar emociones genuinas. Si piensan que no tienes emociones te temerán y no confiarán en ti. Necesitas que la gente haga ambas. Camina por ahí mostrando emociones falsas. De este modo la gente confiará en ti, pero no tendrá una visión real de quién eres. Las emociones son difíciles de fingir así que toma bastante trabajo y dedicación ocultarlas. Si te sientes miserable, puede ser difícil actuar alegremente, pero eso es lo que debes hacer. Ve por ahí con una gran sonrisa en tu cara. Si no puedes esconder la tristeza en tus ojos, usa lentes de sol. Si estás feliz, no lo muestres. Otra gente puede sentirse celosa y tratar de bajarte a su nivel. Si estás feliz y actúas miserable los otros tratarán de animarte. Imagina que eres feliz y todo el mundo a tu alrededor está tratando de hacerte sentirte aún mejor. Ese es el escenario ideal.

La ira es la última prueba del autodominio emocional. El enojo es la emoción más difícil de controlar, pero la más vital. La gente demuestra enojo de varias maneras: arrebatos de ira, silencio repentino, gritos, rompiendo cosas. Incluso si consigues mantener tu cara completamente calmada, es posible que tu piel se vuelva roja. La ira no solo consume tu cerebro, la ira toma control de todo tu cuerpo haciendo casi imposible esconderla. Pero es tu deber ocultarla. Eso puede significar en las primeras fases que debas disculparte para ir al sanitario cuando sientes la primera descarga de ira. En la privacidad del baño puedes tomar profundas inhalaciones y echarte agua en la cara. Si haces respiraciones profundas en frente de otras personas sabrán que estas enojado y tratarán de calmarte así que no lo hagas en público. Una vez que alcances un alto nivel de control emocional no necesitarás todo esto. Serás capaz de calmarte con imaginarte la venganza que estás planeando.

Esa es la consecuencia del éxito. Una vez que sabes que siempre serás capaz de destruir a aquellos que te molestaron será mucho más fácil esconder la emoción. No es fácil encontrar fotos de Stalin donde luzca molesto. Firme pero jamás iracundo. Él sentía ira, pero no iba por todos lados gritando y rompiendo objetos inanimados, en lugar de ello rompía a la gente, tranquilamente.

Capítulo 40 – Si todo lo demás falla, solo escriba un libro de Autoayuda

"Lista de la gente que debería ser asesinada... comenzar con la gente que lee libros de autoayuda." — George Carlin

"Fui a la librería y le pregunté a la vendedora, ¿dónde está la sección de autoayuda? Me contestó que si me decía no serviría al propósito." — George Carlin

Te he repetido una y otra vez que no tomes consejos de la gente. Sin embargo, has leído hasta aquí. Hay algo mal contigo. Nunca aprendes. Si no has dado cuenta que todo esto de la autoayuda es una estafa, ¿cómo alcanzarás algún éxito? Te diré exactamente cómo, escribiendo un libro de autoayuda.

La gente está desesperada por estas cosas. Es por eso que hay tantos libros de autoayuda en el mercado, incluso si todos dicen lo mismo. Así que lee un solo libro de autoayuda (uno más tradicional que éste) y reescríbelo con tus propias palabras. Los libros de autoayuda no tienen ningún sentido. Puedes tener un capítulo de honestidad y otro de la importancia de mentir. Puedes repetir capítulos diciendo la misma cosa con diferentes palabras. Los libros de autoayuda son fáciles de escribir. Una vez que termines puedes sentarte y relajarte mientras observas cómo viene el dinero. Ofrece alguna garantía a cambio en la portada de tu libro, pero después haz que sea imposible que obtengan el reembolso. Diles algo como "lo único que tienes que hacer para obtener tu dinero de vuelta es subir un video a YouTube explicando las razones por las cuales quieres tu reembolso", pero en letras pequeñas escribe que tiene que estar desnudo.

Por cierto, con gusto ofrezco un reembolso por este libro. Si no estás totalmente satisfecho por favor escribe: "Quiero un reembolso" en una hoja blanca. Pídele a un amigo que te tome una fotografía mientras la sostienes desnudo en la cima del K2 y felizmente emitiré tu reembolso.

Escribe un exitoso libro de autoayuda y se convertirá en una profecía autocumplida. Puedes decir "mira que rico y exitoso soy, escúchame", aun cuando solo eres rico y exitoso porque todos esos tontos compraron tu libro. Recuerda, tener éxito en la vida es como tener éxito en la cama, una vez que llegaste a la meta no necesitas preocuparte por ninguna otra cosa. Buena suerte y adiós.

Fin

Contenido

Introducción	3
Capítulo 1 – Culpe a los demás	4
Capítulo 2 – Viva de los demás	7
Capítulo 3 – Visualice el éxito	8
Capítulo 4 – Consuma una gran cantidad de alcohol	9
Capítulo 5 – Nazca en buena cuna	11
Capítulo 6 – Ríndase ante la presión grupal	12
Capítulo 7 – Sea Honesto	13
Capítulo 8 – Mienta	15
Capítulo 9 – Sea Flexible	20
Capítulo 10 – Nunca haga planes a futuro	21
Capítulo 11 – Tenga una adicción	22
Capítulo 12 – No acepte la crítica	23
Capítulo 13 – Nunca ponga un acuerdo en papel	24
Capítulo 14 – Valore la ética laboral	25
Capítulo 15 – Los tropiezos le indican rendirse	26
Capítulo 16 – No done a la caridad	28
Capítulo 17 – Ponga todos los huevos en una canasta	30
Capítulo 18 – Cepille sus dientes	32
Capítulo 19 – Mantenga a la gente al límite de la tensión	33
Capítulo 21 – Sepa cuando parar	35
Capítulo 22 – Nunca admita un error	37
Capítulo 23 – Perdone a la gente	39
Capítulo 24 – Actúe como si estuviera siendo filmado	41
Capítulo 25 – Siempre llegue tarde	42
Capítulo 26 – Nunca acepte un consejo	43
Capítulo 27 – Usted es lo que come	45
Capítulo 28 – Usted es asombroso	47
Capítulo 29 – Confíe en el universo	49
Capítulo 30 – Trate mal a la gente	50
Capítulo 31 – Nunca se vista bien	54
Capítulo 32 – Cometa actos criminales	56
Capítulo 33 - Sea prejuicioso	59
Capítulo 34 – La vida no es justa	62
Capítulo 35 – Tenga una mala actitud	63
Capítulo 36 – Sobreviva	66
Capítulo 37 – Actúe amablemente	67
Capítulo 38 – No lea, nunca	70
Capítulo 39 – No muestre emociones verdaderas	71
Capítulo 40 – Si todo lo demás falla, solo escriba un libro de Autoayuda	73